직무분석개론

직무분석개론

초판 1쇄 인쇄 2020년 6월 17일
초판 1쇄 발행 2020년 6월 24일

지은이 최영훈
펴낸이 최익성
펴낸곳 플랜비디자인

기획 강송희
편집 송준기
마케팅 임동건, 임주성, 김선영
마케팅 지원 홍국주, 황예지, 신원기, 박주현
경영지원 신현아, 이순미, 임정혁
디자인 ALL designgroup

주소 경기도 화성시 동탄반석로 277
전화 031-8050-0508
전자우편 planbdesigncompany@gmail.com
출판등록 제2016-000001호

ISBN 979-11-89580-33-9 03320

※ 이 도서의 국립중앙도서관 출판예정도서목록(CIP)은 서지정보유통지원시스템 홈페이지(http://
   seoji.nl.go.kr)와 국가자료종합목록 구축시스템(http://kolis-net.nl.go.kr)에서 이용하실 수 있습
   니다. (CIP제어번호 : CIP2020023967)

▶ 직무분석 스터디 1단계 ◀

직무분석개론

최영훈 지음

PlanB DESIGN 플랜비디자인

▶ ▶

안녕하세요. 직무분석 컨설팅센터 최영훈 대표입니다.

'직무분석개론'이라고 하는 제목의 이 책을 통해 직무분석을 처음 공부하시는 분들께 직무분석에 대한 기본적인 학습자료들을 제공하고자 합니다.

이 책은 인사담당자 업무를 처음 맡게 되셨거나, 아니면 인사 업무를 계속 하셨다 하더라도 직무분석에 대해서는 잘 모르시는 기존 인사담당자분들, 인사관리 분야로 취업을 준비하고 계시는 분들 그리고 이번에 신설된 직무분석 컨설턴트 자격증을 취득하고자 하는 분들을 위한 기초교재의 용도로 활용될 예정입니다.

따라서 실무를 하시고 계시는 분들께서는 이 책 보다는 '체계적 직무분석 방법론(2017, 플랜비디자인)'이나 '퍼포먼스(2019, 플랜비디자인)'를 읽으시는 것을 추천 드리고, 이 책은 직무분석 과목을 가르치고자 하는 학교의 교재나 실무에 투입되기 전 기본적 이론을 학습하기 원하는 분들께 추천 드립니다.

사실 내용의 난이도와 순서상으로 보면 이 책이 가장 먼저 쓰여졌어야 하지만 당장 실무에서 필요로 하시는 분들을 위해 '체계적 직무분석 방법론'이 가장 먼저 쓰여졌습니다.

직무분석 개론을 통해 직무분석에 대한 기초적 이론들을 학습하신 후에는 반드시 '체계적 직무분석 방법론'과 '퍼포먼스(SME를 위한 직무기술서 작성 가이드)'를 통해 구체적인 실무 내용을 학습하시기를 바랍니다.

직무분석은 보통 체계적 인사관리를 위한 선행요건이라고 많이들 이야기합니다.

그만큼 체계적인 인사관리(채용, 평가, 보상, 승진, 교육훈련, 경력개발)를 실시하기 위해서는 꼭 알아야 하고 꼭 실시해야 하는 주제라는 의미가 되겠지요.

하지만 이 직무분석에 대해 체계적으로 설명하는 교재나 학습자료가 많지 않은 관계로 많은 기업에서 이 직무분석이 잘 실시되지 못하고 있습니다.

이 책을 통해 체계적이고 효과적인 직무분석이 기업 내에서 실시됨으로써 기업의 경쟁력을 강화하고 조직 구성원들의 성과향상에 기여할 수 있기를 바랍니다.

INTRODUCTION TO JOB ANALYSIS

직무분석이란 무엇인가

직무분석이란 우리가 각자 조직에서
수행하는 일에 더 좋은 성과를 창출하기 위해서 자신이
담당하고 있는 일(직무)의 성과를 높여주는 요인들을
찾아내는 과정을 말합니다.

① 직무의 개념

우리가 어떤 가게를 오픈하려고 좋은 위치에 매장을 하나 얻으려고 한다면 그냥 아무 매장이나 덥석 계약하지는 않을 겁니다.

내가 하려고 하는 장사에 가장 알맞은 위치와 환경을 갖춘 좋은 입지를 찾기 위해 '입지분석'을 먼저 한 후 가장 알맞다고 판단되는 위치와 형태의 매장을 얻겠죠.

한 영화배우가 어떤 영화에 캐스팅되어서 촬영에 들어갈 때 아무런 준비없이 그냥 촬영에 들어가지 않습니다.

촬영이 시작되기 전까지 자신이 맡은 '역할'에 가장 알맞은 연기를 하기 위해 '역할분석'이라는 것을 해서 역할에 알맞은 말투, 표정, 제스처 등 캐릭터를 만들어 그 캐릭터 대로 연기를 하겠죠.

　이렇게 우리는 일을 시작하기 전에 '자신이 하고자 하는 일'에 대한 '분석'을 먼저 한 후 분석 결과(ex. 매장을 열 때 주위의 환경은 어떤 환경이 좋은 지, 연기를 할 때 말투는 어떤 말투가 좋은 지 등)에 따라서 그 일을 진행하는 것이 성공가능성을 높일 수 있다는 것을 알 수 있습니다.

　직무분석이란 우리가 각자 조직에서 수행하는 일에 더 좋은 성과를 창출하기 위해서 자신이 담당하고 있는 일(직무)에 대해 분석하는 것을 말합니다.

　따라서 직무분석이 무엇인지 잘 이해하기 위해서는 일단 '직무'라고 하는 개념이 무엇인지 잘 알고 있어야만 하기 때문에 직무분석의 개념을 설명드리기 전 '직무의 개념'에 대해서 먼저 소개해드리도록 하겠습니다.

가 직무란 무엇인가

HRD용어사전을 찾아보면 직무란 '과업 및 작업의 종류와 수준이 비슷한 업무들의 집합으로써 특히 직책이나 직업 상 책임을 갖고 담당하여 맡은 일을 의미한다'라고 정의되어

있습니다. (출처: HRD용어사전, 2010.9.6)

　간단하게 요약 정리하면 '유사한 수준의 업무 그룹(또는 집합)'이라고 표현할 수 있을 것 같은데요…

　사실 이 정의만으로는 과연 '어느정도 수준'에서 직무를 결정해야 할 것인지를 판단할 수가 없습니다.

　인사업무를 한 번도 해보지 않거나 직장 경험이 없는 학생분들은 이 말(과연 어느정도 수준에서 직무를 결정해야 할 것인지를 판단할 수가 없다)이 무슨 뜻인지 조차 알기 어려울 수도 있습니다.

　만약 이해가 안된다면 그냥 넘어 가셔도 괜찮으니 걱정 마시기 바랍니다.

　다음 그림1은 NCS에서 영업에 대한 유사한 업무들의 그룹(집합)을 순차적으로 정리해 놓은 그림입니다.

　(NCS가 무엇인지는 뒷부분에서 상세히 설명 드리도록 하겠습니다.)

| 그림 1 | NCS에서 영업판매 대분류 업무에 대한 중분류, 소분류, 세분류, 능력단위의 구분 |

10. 영업판매

중분류	소분류	세분류	능력단위
01.영업 02.부동산 03.판매	01.E-비즈니스 02.일반판매 03.상품중계·경매	01.매장판매 02.방문판매	01.방문판매 기획 02.방문판매 서비스 　　마인드구축 03.방문판매 훈련 04.방문고객 발굴 05.방문고객 접근 06.방문고객 상담 07.방문판매 종결

출처: NCS 국가직무능력표준 홈페이지 (www.ncs.go.kr) 영업판매 직무의 사례

　중분류라고 쓰여 있는 셀의 업무들은 오른쪽 소분류 업무들의 집합명칭이라고 보시면 됩니다.

　그러니까 위 그림에서 소분류의 '01. e-비지니스, 02. 일반판매, 03. 상품중계·경매'라는 유사수준에 놓여있는 업무들의 집합을 묶어서 '판매'업무라고 부를 수 있는 것이죠.

　소분류라고 쓰여 있는 셀의 업무들은 오른쪽 세분류 업무들의 집합명칭이라고 보시면 됩니다.

　그러니까 위 그림에서 세분류의 '01. 매장판매, 02. 방문판매'라는 유사 수준에 놓여있는 업무들의 집합을 묶어서 '일반판매' 업무라고 부를 수 있는 것입니다.

이렇게 왼쪽으로 갈수록 그 묶음의 크기는 커지는 것이고 오른쪽으로 갈수록 왼쪽의 업무를 유사한 수준으로 세분화한 것이라고 보면 될 것 같습니다.

가장 아래에 있는 '능력단위'수준은 세분류 수준의 업무를 더 세부적으로 나눈 수준의 업무들입니다.

그림에 쓰여 있는 '1. 방문판매 기획'부터 '07. 방문판매 종결'까지 능력단위의 업무들의 그룹(집합)을 '방문판매' 업무라고 부릅니다. 역으로 설명하자면 '방문판매'라는 세분류 업무는 위와 같은 일곱가지 능력단위 업무들로 세분화할 수 있는 것이죠. (만약 이 설명이 잘 이해가 가지 않는다면 위의 그림과 함께 몇차례 읽어 보시기 바랍니다.)

이 챕터의 시작 부분에서 말씀드린 것처럼 만약 직무의 정의를 '과업 및 작업의 종류와 수준이 비슷한 업무들의 집합으로서 특히 직책이나 직업 상 책임을 갖고 담당하여 맡은 일의 의미한다'라고 정의한다면 여러분들은 위 그림에서 중분류 업무수준을 직무라고 결정하시겠습니까? 소분류 업무수준을 직무라고 결정하시겠습니까? 아니면 세분류, 능력단위 중 어떤 수준의 업무레벨을 직무라고 결정할 수 있을까요?

중분류도 과업 및 작업의 종류와 수준이 비슷한 업무들의 집합이고 소분류도, 그리고 세분류도 모두 과업 및 작업의 종류와 수준이 비슷한 업무들의 집합이죠?

따라서 이러한 정의로는 어느 수준을 직무로 결정할 것인지를 판단할 수가 없습니다.

"그렇다면 우리는 직무를 어떻게 정의해야 할까요?"

직무의 올바른 정의를 내리기 위해서 우리가 보통 직무를 설명할 때 가장 많이 사용하는 아래의 용어들을 좀 살펴볼 필요가 있습니다.

그림 2 업무그룹의 단위

직군 Job group		격투기 직군, **구기종목 직군**, 육상 직군
직종 Occupation	직무들의 군집	**야구선수 직종**, 축구선수 직종
직무 Job	과업 혹은 과업차원의 유사한 직위들의 집단	투수·타자·**감독**
과업 Task	직무를 구성하고 있는 업무의 종류들	훈련계획수립, **출전인원선정**
동작 Activity	해당 과업을 수행하기 위한 구체적인 행동들	**선수 컨디션 파악**, **엔트리 작성, 코칭스텝 협의**

이전 그림 1에서 특정한 업무를 대분류 – 중분류 – 소분류 – 세분류 – 능력단위로 유사한 수준의 업무를 그룹핑했던 것처럼, 우리가 직무를 설명할 때는 위와 같은 직군 – 직종 – 직무 – 과업 – 동작이라는 그룹으로 유사한 수준의 업무를 그룹핑하여 직무의 개념을 설명합니다. (용어의 명칭은 경우에 따라 다를 수 있음)

가 직군

그러니까 '운동선수'들을 먼저 아주 크게 직군으로 나누어 보면, 격투기 직군, 구기종목 직군, 육상 직군 등으로 나눌 수 있습니다. (격투기 직군, 구기종목 직군, 육상 직군의 수준은 유사합니다.=무엇이 더 상위이고 하위인지에 대한 위계가 없습니다.)

나 직종

위에 정리된 운동선수에 해당하는 직군들 가운데 구기종목 직군을 직종으로 나누어 보면 야구선수 직종, 축구선수 직종, 핸드볼선수 직종 등으로 나눌 수 있습니다. (야구선수 직종, 축구선수 직종, 핸드볼선수 직종의 수준은 유사합니다.)

다 직무

그 가운데 야구선수 직종을 세부적인 직무로 나누어 보면 투수 직무, 타자 직무, 감독 직무 등으로 나눌 수 있을 것입니다. (투수 직무, 타자 직무, 감독 직무는 모두 같은 수준입니다.)

라 과업

그 중 감독 직무가 수행하는 일들을 조금 더 세부적으로 같은 수준의 업무로 나누어보면 훈련계획수립, 출전인원선정 등의 업무로 나눌 수 있고요…

마 동작

그 중 출전인원선정 과업을 더 세부적이고 같은 수준으로 나누어 보면 선수 컨디션을 파악하고, 엔트리를 작성하고, 코칭스텝들과 협의하는 행동들로 세분화 할 수 있습니다.

　명칭은 사용하는 사람들에 따라서 조금씩 다를 수도 있는데요, 중요한 것은 이것입니다.

　위로 갈수록 아래 단위의 유사 수준의 업무들을 묶은 것이고, 아래로 갈수록 위 단위의 업무들을 유사 수준의 업무들로 쪼갠 것입니다.

자, 우리는 왜 이렇게 무언가를 묶고, 쪼개는 것일까요? 그 이유가 무엇이라고 생각하십니까?

이와 비슷한 것들이 우리 주변에는 참 많습니다.

'동 – 구 – 시 – 도 – 대한민국'과 같은 행정지역 구분도 이와 같이 묶고 쪼갠 것이죠. 도서관에 가면 '국내서적 – 경영 – 인사관리' 역시 책의 종류를 묶고 쪼갠 개념입니다.

동물을 종–속–과–목–강–문–계로 구분한 것도 마찬가지죠.

우리는 이렇게 무언가를 항상 묶고 쪼갭니다. 그 이유는 무엇일까요?

그렇습니다. 관리를 효율적으로 하기 위해서 이렇게 묶고 쪼개는 일을 하는 것이죠. 그래야만 책을 찾기 쉽고, 대국민 서비스를 더 체계적이고 효율적으로 실시할 수 있으며 각종 동물들을 더 효율적으로 관리할 수 있기 때문입니다.

이렇게 조직 구성원과 조직 내의 업무를 더 효율적으로 관리하기 위해서 우리는 '직무'라고 하는 단위를 설정해서 조직을 관리하는 것입니다.

이 관리의 효율화를 생산현장에 접목한 개념이 있는데요,
바로 '모듈화'라는 개념입니다.

그림 3 생산의 모듈화	
모듈화란	
모듈이란? (Module)	• 모델·패턴이 되는 기본적인 단위 • 큰 전체 시스템 및 체계 중 다른 구성 요소와 독립적인 하나의 구성 요소
모듈화란? (Modularity)	• 자동차나 선박 조립공정에서 개별 단품들을 차체에 직접 장착하지 않고 몇 개의 관련된 부품들을 하나의 덩어리로 생산해 장착하는 기술방식.
ex) 자동차 제조공정에서의 모듈화	• 모듈이란 주요 부품을 시스템 단위로 조립한 것으로 완성차 조립에 소요되는 2만여 개의 부품을 30여 개의 주요 모듈 부품 군으로 단순화하여 생산 비용과 시간을 절감할 수 있게 하는 선진화된 자동차 생산방식이다. 자동차 바퀴 모듈 / 엔진 모듈 / 운전석 모듈 / 좌측 앞문 모듈

출처: 매일경제신문 2003년 5월 30일

2만여 개 부품을 한꺼번에 공장에서 조립을 하려면 관리가 엄청 복잡해지기 때문에 자동차 부품의 Unit을 30여 개 정도로 묶어서 생산이 효율적으로 이루어질 수 있도록 만든 개념이 바로 '모듈화'라는 것입니다.

그럼 공장에서 30여 개 모듈만 조립하면 되니까 더 효율적이고 더 쉽게 관리가 되고 생산이 이루어질 수 있겠죠.

여기서 우리가 주의해야할 점은 모듈 내의 개체는 동일성이 강하고 모듈 간의 개체는 이질성이 강하다(또는 동일성이 약하다)는 것입니다.

앞 페이지의 그림 3에서 자동차 바퀴 모듈 내의 개체들은 모두 똑같습니다(동질성이 강합니다). 그리고 자동차 바퀴 모듈에 속해 있는 개체와 엔진 모듈에 속해 있는 개체는 이질성이 강하죠. 서로 완전 다릅니다.

직무라는 것은 이렇게 조직 내에서 수행되는 수많은 업무들을 효율적으로 관리하기 위한 일종의 모듈이라고 보시면 됩니다.

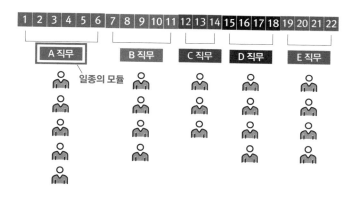

조직 내에서 수행되는 다양한 업무들(위의 그림에서 1번 부터 22번)을 유사한 업무들과 묶어서 '직무'라고 명명하고 그 직무를 수행하는 사람들을 위의 그림처럼 배치하면,

그 직무 내의 사람들 간에는 업무의 동질성이 강할까요? 이질성이 강할까요? 동질성이 강할 겁니다.

그리고 A직무를 수행하는 사람과 E직무를 수행하는 사 람이 각각 수행하는 업무는 동질성이 강하겠습니까? 이질 성이 강하겠습니까? 분명히 이질성이 강할 겁니다.

이렇게 22개의 업무들을 유사한 업무끼리 묶어서 A~E 까지 5개의 직무로 분류해서 조직의 업무를 관리하게 되면

2만 개의 부품을 30여 개의 모듈로 관리해서 생산을 효율적으로 관리할 수 있었던 모듈화처럼 조직의 업무를 더 효율적으로 관리할 수 있겠죠? 이것이 바로 '직무'입니다.

그러면 동일한 직무를 수행하는 사람 간에는 동질성이 강하기 때문에 그 직무에 속한 모든 사람들은 동일한 기준으로 관리를 할 수 있고(채용, 배치, 평가, 보상, 교육 등의 기준이 같습니다.) 조직의 인사관리의 효율성이 매우 높아집니다.

따라서 이러한 기준으로 직무의 정의를 설정한다면…

"동일·유사한 기준으로 관리할 수 있는 업무 Group의 단위(Unit)"라고 할 수 있을 것입니다.

여기서 '동일·유사한 기준으로 관리할 수 있는'이라는 표현을 잘 기억해두시기 바랍니다.

🔲 그렇다면 어느 정도 수준에서 직무를 결정해야 할까?

직군 Job group		격투기 직군, **구기종목 직군,** 육상 직군
직종 Occupation	직무들의 군집	**야구선수 직종,** 축구선수 직종
직무 Job	과업 혹은 과업차원의 유사한 직위들의 집단	투수·타자·**감독**
과업 Task	직무를 구성하고 있는 업무의 종류들	훈련계획수립, **출전인원선정**
동작 Activity	해당 과업을 수행하기 위한 구체적인 행동들	**선수 컨디션 파악, 엔트리 작성, 코칭스텝 협의**

위의 그림에서 직무를 동작에 해당하는 수준으로 결정했을 때와 직군에 해당하는 수준으로 결정했을 때, 어느 수준으로 결정했을 때 인사관리가 업무 특성을 더 잘 반영할 수 있을까요?

동작 수준이죠? 운동선수들을 만약 동작의 대척점에 있는 '직군수준'을 직무로 결정하여 관리를 하게 된다면(ex.구기종목 직무)

구기종목 직무 안에 속해 있는 축구선수, 야구선수, 탁구선수… 어느 선수를 채용하건 그 채용 기준은 같습니다.

왜냐하면 직무란 "동일·유사한 기준으로 관리할 수 있는 업무 Group의 단위(Unit)"이니까요.

결국 이들을 모두 포괄할 수 있는 채용의 기준은… '체력' 또는 '승부욕' 정도가 될 수 있을 것입니다.

하지만 체력 좋은 사람을 채용했다고 해서… 투수의 업무를 잘 수행할 수 있는 것은 아니겠죠?

평가의 기준도 마찬가지입니다.

그러니까 축구선수 중 골키퍼이건, 야구선수 중 투수이건 간에… 이들은 동일한 직무 담당자이기 때문에 동일한 기준으로 평가를 받는 것이죠.

결국 이들을 모두 평가할 수 있는 기준은… 팀 승률, 팀 순위 정도가 될 텐데… 그것만으로는 골키퍼의 역할을 잘 수행했는지, 투수로서 잘 던졌는지를 판단하기에는 턱없이 부족해 보입니다.

결국 직무를 만약 직군 정도 수준의 큰 묶음으로 결정한다면 그 업무특성을 제대로 반영할 수가 없습니다.

만약 운동선수들을 '동작수준'을 직무로 결정하여 관리

를 하게 된다면 어떨까요?

선수 컨디션 파악이 단일 직무, 엔트리 작성이 단일 직무가 되기 때문에 (다시 한 번 상기시켜 드리자면 직무란 동일/유사한 기준으로 관리할 수 있는 업무 Group의 단위(Unit)를 말합니다.)

선수 컨디션 파악을 하는 사람을 채용하는 기준과 엔트리 작성을 하는 사람을 채용하는 기준이 각각 달라지겠죠? 그 업무 특성을 매우 잘 반영하는 방식으로 인사관리가 이루어질 수 있습니다.

그래서 이 관점(업무 특성을 잘 반영)으로만 생각했을 때는 아주 세부적인 수준으로 직무를 결정하는 것이 바람직합니다.

하지만 이것이 업무특성을 아주 잘 반영한다는 장점이 있는 반면 단점도 있는데요…

이 단위로 직무를 설정하면 관리가 너무 어려워진다는 단점이 있습니다. 선수들의 컨디션을 잘 파악하려면 의사 수준의 의학지식과 경험을 보유한 사람을 채용하면 이 일을 더 잘 할 수 있겠죠.

그리고 엔트리를 작성하는 업무는 의학적 지식은 필요 없습니다. 문서를 잘 작성하는 사람이면 충분합니다.

코칭 스텝들과 협의를 잘 하려면 협상력이나 퍼실리테이션에 능한 사람이 이 일을 수행하면 그 일을 더 잘 할 수 있겠죠.

하지만 이렇게 각각의 업무별로 사람들을 다르게 채용하고 일을 맡기는게 현실 여건상 가능하겠습니까? 불가능하죠. 인건비도 많이 들고 사람들을 관리하는 것도 엄청 복잡해 집니다.

결론적으로 말씀드리면 직무를 너무 큰 단위로 설정하면 관리가 편한 대신 인사관리의 기준이 두리뭉실해 지고, 직무를 너무 세부적인 단위로 설정하면 업무특성을 잘 반영하는 대신 관리가 복잡해진다는 단점이 있습니다.

그래서 우리는 이 사이에서 균형점을 찾은 뒤 적당한 수준에서 직무를 결정해주어야 합니다.

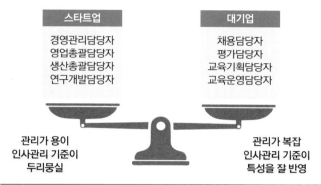

스타트업	대기업
경영관리담당자 영업총괄담당자 생산총괄담당자 연구개발담당자	채용담당자 평가담당자 교육기획담당자 교육운영담당자
관리가 용이 인사관리 기준이 두리뭉실	관리가 복잡 인사관리 기준이 특성을 잘 반영

회사가 커버할 수 있는 수준 내에서 디테일하게(HR의 역량/인원수 등 고려)

대기업은 채용담당자, 평가담당자, 교육기획담당자, 교육 운영담당자 수준으로 직무를 세분화해도 충분히 관리할 수 있지만, 만약 스타트업에서 이런 수준으로 직무를 분류해서 사람을 채용하고 관리한다면 관리가 더 효과적으로 이루어 질 수는 있겠지만 스타트업으로서는 너무 버겁죠.

스타트업에서는 위의 업무에 경리, 회계, 총무까지 다 얹 어서 수행하는 '경영관리 담당자' 수준의 레벨로 직무를 결 정해야만 실제 운영이 가능할 것입니다.

따라서 회사의 여러가지 여건에 따라 회사가 커버할 수

있는 수준에서 최대한 세부적인 수준으로 직무의 단위를 결정해야 합니다.

직무를 어떤 방법으로 분류해야 할 것인지에 대한 실무적인 설명을 본 책에서는 다루지 않겠습니다. (챕터 1에서 설명 드린 대로 이 책은 실무자들을 위한 책이라기 보다는 이론학습용, 자격증 취득시험용이기 때문) 만약 실무적으로 직무분류 방법에 대한 구체적인 지식을 학습하고자 하신다면 '체계적 직무분석 방법론(플랜비 디자인, 2017)'의 내용을 참고하시기 바랍니다.

❷ 직무분석의 개념

이전 챕터에서 설명 드린 대로 직무란 "동일·유사한 기준으로 관리할 수 있는 업무 Group의 단위(Unit)"라고 정리할 수 있습니다.

그러니까 동일한 직무는 동일한 기준으로 관리를 하게 되는 것이죠. 따라서 직무를 '인사관리의 기준'이라고 말하곤 하는 것이고요.

조직 구성원 개개인의 특성과 상황을 다 고려하여 인사관리를 하면 좋겠지만… 그렇게 되면 인사관리가 너무 복잡해지기 때문에 인사관리의 효율성을 높이기 위해서 동일한 직무를 수행하는 사람들은 동일한 기준으로 관리를 하게 됩니다.

예를 들어 야구에서 투수 직무를 맡고 있는 사람들은 모두 동일하게 '방어율, 승률, 퀄리티 스타트 횟수' 등으로 평가를 합니다.

타자 직무를 맡고 있는 사람들은 모두 동일하게 '출루율, 타율, 홈런수' 등으로 평가를 하고요.

투수를 선발(채용)하는 기준과 투수들을 훈련시키는 내용·방법도 동일한 투수들 끼리는 거의 동일합니다.

타자를 선발(채용)하는 기준과 타자들을 훈련시키는 내용·방법도 동일한 타자들 끼리는 거의 동일하고요.

이렇게 동일한 직무를 담당하는 사람들은 동일한 기준으로 (인사)관리를 함으로써 관리의 효율성을 높일 수 있게 됩니다.

그렇다면 동일한 직무를 담당하는 사람들을 동일한 기준으로 관리하려면, 과연 '어떤 기준'으로 관리해야 하는지 그 '가장 효과적인 관리의 기준'을 찾아내는 것이 중요할 텐데 그것을 찾아내는 과정을 바로 직무분석이라고 합니다.

가 채용·배치

투수 직무를 담당하고 있는 사람들은 어떤 기준으로 선발 (채용)해야 뛰어난 성과를 창출할 가능성이 높은 사람들을 선발할 수 있는지,

나 평가·보상

투수 직무를 담당하고 있는 사람들은 어떤 기준으로 평가 해야 정말 뛰어난 성과를 창출한 사람들을 평가할 수 있는 지(또는 뛰어난 성과를 낼 수 있도록 유도할 수 있는지), 그리고 그에 합당한 보상을 어떤 기준으로 책정해야 하는지,

다 교육

투수 직무를 담당하고 있는 사람들은 어떤 내용과 방법으로 훈련(교육)해야 뛰어난 성과를 창출할 수 있도록 훈련(교육) 할 수 있는지, 등등…

이렇게 직무분석을 통해서 각 직무수행자들의 채용·배 치·평가·보상·교육 등 다양한 HR 활동에 있어서 가장 효과 적인 관리의 기준을 도출할 수 있습니다.

가장 효과적인 기준으로 인사관리를 하게 되니까 각 직무수행자들의 성과가 더 좋아질 수 있겠죠.

그래서 효과적이고 체계적인 인사관리를 위해서는 직무분석이 반드시 선행되어야 한다고 말하는 것입니다.

이제 직무분석이 무엇인지에 대한 개념을 대략적으로 이해하셨다면, 조금만 더 구체적인 설명을 이어가겠습니다.

위에서 직무분석이란 '동일한 직무를 담당하는 사람들을 어떤 기준으로 관리해야 하는지 가장 효과적인 관리의 기준을 찾아내는 과정'이라고 설명 드렸는데요, 여기서 '가장 효과적인'이라는 문구를 더 정확하게 표현하자면 '더 좋은 성과를 낼 수 있도록 만드는'이라고 할 수 있습니다.

그러니까 직무분석이란 '동일한 직무를 담당하는 사람들이 더 좋은 성과를 낼 수 있도록 만드는 관리의 기준을 찾아내는 과정'이라고 정리할 수 있을 것 같네요.

투수 직무를 담당하고 있는 모든 사람들에게 있어서 '좋은 성과'란 상대 타자들이 출루를 못하게 막는 것입니다.

그렇다면 우리 팀에서 투수 직무를 담당하는 사람들이 상대 타자들이 출루를 못하게 잘 막도록 하려면 어떤 기준으로 투수를 ㄱ. 선발(채용·배치)해야 하는지, 어떤 기준으로 투수들을 ㄴ. 평가했을 때 투수들의 성과를 올바로 평가할 수 있는지, 어떤 내용과 방법으로 우리 팀 투수들을 ㄷ. 훈련 (교육)시켜야 상대 타자들이 출루를 못할 수 있도록 공을 더 잘 던지게 할 수 있는지를 직무분석을 통해서 도출한 후

도출한 기준을 바탕으로 투수를 채용하고, 평가하고, 훈련(교육)을 시킴으로써 더 좋은 성과를 창출하도록 만들 수 있겠죠.

따라서 직무분석의 목적은 각 직무수행자들이 더 좋은 성과를 만들어 낼 수 있는 기준과 방법을 찾는 것이라고 할 수 있습니다.

그렇다면 이렇게 각 직무 담당자들에 대한 채용··배치·평가·보상·교육 등의 기준에는 어떠한 것들이 있는지, 직무분석을 통해 어떤 결과물들이 도출되어야 하는지에 대해 살펴보도록 하겠습니다.

INTRODUCTION TO JOB ANALYSIS

직무분석을 통해 어떤 결과물들이 도출되어야 하는가?

직무분석이란 우리가 각자 조직에서
수행하는 일에 더 좋은 성과를 창출하기 위해서 자신이
담당하고 있는 일(직무)의 성과를 높여주는 요인들을
찾아내는 과정을 말합니다.

1 직무분석을 통해 도출하는 일반적 결과물

이전 챕터에서 직무분석이란 회사 내에 존재하는 각 직무를 '어떤 기준'으로 관리하는 것이 좋은지 '가장 효과적인 (인사)관리의 기준'을 찾아내는 과정이라고 직무분석의 개념에 대해 설명을 드렸습니다.

그렇다면 일반적인 '인사관리의 기준'들에는 어떤 것들이 있는지를 이해하면 직무분석을 통해 보통 '어떤 결과물'들을 도출하는지 알 수 있겠죠.

인사관리의 각 영역인 채용·배치, 평가·보상, 교육을 중심으로 인사관리의 각 영역의 일반적인 기준에는 어떤 것들이 있는지를 살펴보겠습니다.

채용·배치

❶ 특정 직무에 필요한 '직무자격'에 부합하는 사람들을 채용·배치하게 되면 그렇지 않은 사람들을 채용·배치했을 때 보다 더 좋은 성과를 만들어낼 가능성이 높을 것입니다.

이 직무자격에는 '전공', '자격증', '업무경험', '관련교육 이수여부', '학력' 등이 있을 수 있습니다.

❷ 특정 직무를 수행하는 사람이 보유해야 할 '직무역량'을 갖춘 사람들을 채용·배치하게 되면 그렇지 않은 사람들을 채용·배치했을 때 보다 더 좋은 성과를 만들어낼 가능성이 높을 것입니다.

이 '직무자격'과 '직무역량'을 갖춘 사람을 해당 직무에 채용·배치하는 것이 바람직하므로 이 '직무자격'과 '직무역량'은 채용·배치라는 인사관리 영역의 주요 관리기준이 되기 때문에 우리는 직무분석이라는 과정을 통해서 이 채용·배치의 기준이 되는 직무자격과 직무역량을 도출하는 것입니다.

나 평가·보상

❶ 특정 직무를 수행하는 사람이 보유해야 할 '직무역량'을 갖춘 사람들에게 높은 평가·보상을 주게 되면 해당 직무 담당자들은 더 높은 평가·보상을 받기 위해서 '직무역량'을 보유하기 위한 노력을 더 많이 하게 될 것이고, 좋은 성과를 만들어낼 가능성이 높아질 것입니다.

❷ 특정 직무를 수행하는 사람이 능숙하게 실행해야 할 '성과행동'을 잘 수행하는 사람들에게 높은 평가·보상을 주게 되면 해당 직무담당자들은 더 높은 평가·보상을 받기 위해서 평상시 업무수행에 있어 해당 '성과행동'을 잘 수행하기 위한 노력을 더 많이 하게 될 것이고, 좋은 성과를 만들어낼 가능성이 높아질 것입니다.

❸ 특정 직무를 수행하는 사람이 달성해야 할 '성과목표'를 달성한 사람들에게 높은 평가·보상을 주게 되면 해당 직무담당자들은 더 높은 평가·보상을 받기 위해서 자신에게 해당되는 '성과목표'를 달성하기 위한 노력을 더 많이 하게 될 것이고, 보다 더 좋은 성과를 만들어낼 가능성이 높아질 것입니다.

　이 '직무역량'을 많이 보유하고 '성과행동'을 잘 수행하며 '성과목표'를 달성한 사람에게 좋은 평가·보상을 제공하는 것이 바람직하므로 '직무역량', '성과행동', '성과목표'는 평가·보상이라는 인사관리 영역의 주요 관리기준이 됩니다. 그렇기 때문에 우리는 직무분석의 과정을 통해서 이 평가·보상의 기준이 되는 직무역량, 성과행동과 성과목표를 도출하는 것입니다. 참고로 성과목표 달성 정도는 '객관적'으로 판단하기 위해 보통 KPI라는 지표로 변형하여 평가를 실시한다는 점을 기억하시기 바랍니다.

다 교육·훈련

❶ 기업은 각 직무 담당자들이 자신의 직무에 해당하는 '직무자격'을 보유할 수 있도록 자기개발을 권장할 필요가 있습니다. 그러면 해당 직무 담당자들이 자신의 직무에 더 적합한 사람이 되기 때문에 좋은 성과를 만들어낼 가능성이 높아지게 됩니다.

❷ 그리고 특정 직무를 수행하는 사람이 보유해야 할 '직무역량'을 컨텐츠로 교육·훈련을 제공할 필요가 있습니다.

그렇게 되면 해당 직무담당자들은 그 교육을 통해 더 많은 직무역량을 보유하게 되어 좋은 성과를 만들어낼 가능성을 높일 수 있습니다.

❸ 또한 '성과행동'을 업무 가운데 잘 실행할 수 있도록 도움이 되는 교육·훈련을 제공하게 되면 직원들은 업무를 수행하면서 해당 성과행동을 더 성공적으로 실행할 수 있게 되기 때문에 좋은 성과를 만들어낼 가능성을 높일 수 있겠죠.

이 '직무자격'에 부합하고 '직무역량'을 더 많이 보유하며 '성과행동'을 잘 수행할 수 있도록 자기개발·교육·훈련을 실시함으로써 해당 직무담당자들이 더 좋은 성과를 낼 수 있도록 유도할 수 있으므로 이 '직무자격', '직무역량', '성과행동'은 교육·훈련이라는 인사관리 영역의 주요 관리기준이 되기 때문에 우리는 직무분석이라는 과정을 통해서 이 교육·훈련의 기준이 되는 직무역량, 성과행동과 성과목표를 도출하는 것입니다.

정리하면 아래와 같습니다.

- ㄱ 채용·배치의 기준 '직무자격', '직무역량'
- ㄴ 평가·보상의 기준 '직무역량', '성과행동', '성과목표(KPI)'
- ㄷ 교육·훈련의 기준 '직무자격', '직무역량', '성과행동'

따라서 우리는 직무분석을 통해 일반적으로 '성과목표(KPI)', '성과행동', '직무역량', '직무자격'을 중심으로 결과물을 도출하게 됩니다. 그리고 이 결과물들은 위에서 언급한 바와 같이 채용·배치, 평가·보상, 교육·훈련 등의 인사관리에 복합적으로 활용되어 직무수행자들을 더 좋은 성과로 유도할 수 있게 되는 것입니다.

참고로 올바른 성과목표를 도출하기 위해서는 해당 직무의 역할(미션)이 명확해야 하고, 바람직한 성과행동을 도출하려면 핵심성공요인(CSF)를 도출해야 하기 때문에 실제 직무분석의 과정에서는 '성과목표(KPI)', '성과행동', '직무역량', '직무자격'에 더하여 '직무역할(미션)'과 '핵심성공요인(CSF)'을 추가로 도출해야 하는데 이 부분은 초심자분들은 이해가 쉽지 않을 수 있으므로 추후 실무를 중심으로 설명하는 별도의 책(체계적 직무분석 방법론, 2017)에서 학습하시기 바랍니다.

2 직무기술서와 직무명세서

그렇다면 이러한 결과물들을 도출하여 채용·배치·평가·보상·교육훈련 등 인사관리에 빠르고 효과적으로 활용하기 위해서는 어느 곳엔가 기록, 저장을 할 필요가 있을 텐데요. (그래야 필요할 때 즉시 찾아서 적재 적소에 활용할 수 있을 테니까요)

직무분석을 통해 도출된 결과물들을 정리해 놓은 문서를 바로 '직무명세서'라고 합니다.

그래서 각종 인사관리를 실시할 때 이 직무명세서에 나와있는 내용을 기준으로 채용하고, 평가하고, 보상하고, 교육을 실시하는 것이죠.

가 채용·배치

직무명세서에 기록되어 있는 '직무자격'과 '직무역량'을 기준으로, 해당 직무자격, 직무역량을 보유한 사람을 선발하여 해당 직무에 채용하고 배치합니다.

나 평가·보상

직무명세서에 기록되어 있는 '직무역량', '성과행동', '성과목표(KPI)'를 기준으로 평가를 실시하여 높은 평가를 받은 사람들에게 더 높은 보상을 제공합니다.

참고로 대부분 기업의 인사평가는 업적평가와 역량평가로 구분되어져 있고 이중 업적평가는 성과목표 달성 정도(KPI)로 평가를 실시하고, 역량평가는 해당 '직무역량'의 보유 수준에 대해 '성과행동'을 행동지표로 하여 평가를 실시한다는 점 참고로 알아 두시기 바랍니다.

다 교육·훈련

직무명세서에 기록되어 있는 '직무자격', '직무역량', '성과행동'을 기준으로, 조직 내 각 직무담당자들이 해당 '직무자격', '직무역량', '성과행동'을 더 많이 확보하고 실행할 수 있도록 자기개발을 지원하고 교육·훈련을 실시합니다.

그런데 우리에게 익숙한 용어는 직무명세서가 아니라 직무기술서입니다.

직무기술서란 말 그대로 그 직무담당자가 수행하는 일들을 그냥 쭉 '기술'해 놓은 문서입니다.

예를 들어 인사담당자의 직무기술서에는 '직원 채용, 정기평가 실시, 보상기준 수립, 급여지급…'이라고 쓰여 있겠죠.

이 직무담당자가 어떤 일들을 수행하는지 볼 수 있도록 만든 문서가 바로 직무기술서라고 하는 문서인데요.

사실 우리가 인사관리를 하는데 더 중요한 문서는 직무기술서라기 보다는 직무명세서 이겠지요. 인사관리의 각종 기준들을 기록되어 있으니까요.

그래서 직무기술서의 중요성이 줄어들다 보니 요즘은 이 직무기술서와 직무명세서를 따로 만들지 않고 통합해서 만드는 추세입니다.

그리고 그 통합직무기술서를 그냥 '직무기술서'라고 부르고 있습니다.

예전에는 이것을 따로 구분해서 제작하고 관리했었다 는 점만 알아 두시면 되겠습니다.

자, 그럼 '직무분석을 통해 어떤 결과물들이 도출되어야 하는가'의 내용을 정리하고 다음 챕터로 이동하겠습니다.

우리는 직무분석을 통해 각종 인사관리의 기준이 되는 '성과목표(KPI)', '성과행동', '직무역량', '직무자격'(추가로 직무역할과 CSF까지)을 도출하여 그것을 '직무기술서'에 기록, 관리하면서 그에 따라 직원들을 채용·배치하고 평가·보상을 실시하며 교육훈련을 제공하게 됩니다.

그런데 이 결과물들은 직무분석 방식의 유형에 따라 조

금씩 차이가 있습니다.

직무분석의 목적에 따라 조금씩 다른 방식의 직무분석 유형으로 직무분석을 실시하는데요.

크게 구분하자면 직무능력·직업능력을 도출하기 위해 업무 활동을 세분화하며 직무분석을 실시하는 방식의 유형이 있고요. (대표적으로 DACUM 방식)

각 직무의 성과에 초점을 두고 직무분석을 실시하는 직무분석 유형이 있습니다. (대표적으로 FA, CBC 방식)

다음 챕터에서는 이 직무분석의 대표적 유형과 각 유형으로 직무분석을 실시했을 때 결과물들은 어떻게 다른 지에 대해 살펴보도록 하겠습니다.

3 직무분석 유형별 핵심결과물 비교

이전 챕터에서 직무분석을 통해서 도출되는 일반적인 결과물에는 어떤 것들이 있는지 간단하게 살펴보았는데요.

그런데 이 결과물들은 '일반적인' 결과물들일 뿐이지 어떤 유형의 방식으로 직무분석을 하는지에 따라 도출되는 결과물에는 차이가 있습니다.

따라서 이번 챕터에서는 직무분석의 대표적 유형들을 살펴보고, 직무분석 유형별 결과물들을 알아보도록 하겠습니다.

직무분석의 유형에는 크게 성과를 기준으로 직무를 분석하는 유형(성과중심 직무분석)과 직무를 구성하는 행동을 세분화하는 유형(행동세분화 직무분석)으로 구분할 수 있는데요, 먼저 행동을 세분화하는 대표적인 유형인 DACUM 방식과 그에 따른 결과물부터 살펴보도록 하겠습니다.

가 | 행동세분화 직무분석 유형 (대표적으로 DACUM기법)

데이컴 또는 다쿰 등으로 불리우는 행동세분화 직무분석 방식의 한 유형인 DACUM은 Developing a Curriculum의 약어입니다. HRD-용어사전(2010. 9. 6)을 찾아보면 아래와 같이 설명되어 있습니다.

a. 특정직무를 세부적으로 분석하여, 해당직무를 수행하기 위해 필요한 **b.** 각종 지식, 스킬, 태도 등을 우선순위에 따라 분석하고, 이를 토대로 해당직무를 효과적으로 수행할 수 있도록 지원하는 **c.** 프로그램을 개발하는 것이다.

[네이버 지식백과] DACUM [Developing a Curriculum] (HRD 용어사전, 2010. 9. 6., (사) 한국기업교육학회)

위에서 **a.** 특정직무를 세부적으로 분석한다는 것은 특정한 직무가 구체적으로 어떤 행동들로 구성되어 있는지를 세분화 시킨다는 것을 의미합니다.

예를 들어 선생님이라는 직무는 ㄱ. 학생들을 가르치고,

ㄴ. 학생들의 생활을 관리하고, ㄷ. 학교에 필요한 문서를 제작하는 등의 일들을 수행하는데요. ㄱ. 학생들을 가르치는 일은 수업을 준비하고, 학생들을 대상으로 강의를 실시하며, 숙제를 검사하는 등의 일들로 더 세분화할 수 있으며 그 중 수업을 준비하는 일은 교육 일정을 수립하고, 회차별 강의프로그램을 기획하며, 강의자료를 제작하는 등의 세부적인 행동들로 더 세분화할 수 있습니다.

이렇게 특정한 직무를 구체적인 활동(행동)으로 세분화한 다음, b. 그 활동(행동)을 하기 위해서는 어떤 지식, 기술 그리고 태도가 필요한지를 도출합니다.

예를 들어 위에서 사례를 든 선생님의 세부 활동 가운데 '학생들을 대상으로 강의를 실시'하는 이 행동을 잘 수행하기 위해서는 자신이 담당하고 있는 과목에 대한 구체적 지식과 학생들을 대상으로 강의를 실시하는 강의 스킬 그리고 선생님으로서의 사명감과 같은 태도가 필요하겠죠.

이렇게 특정 직무를 구체적인 행동으로 세분화한 후 그 세분화된 행동들을 잘 수행하기 위해 어떤 지식과 기술 그리고 태도가 필요한지를 찾는 과정을 거칩니다.

c. 이어 도출한 지식, 기술, 태도를 효과적으로 습득할 수 있도록 도움을 주는 (교육) 프로그램을 개발합니다.

선생님이 학생들을 대상으로 강의를 하는 이 활동을 더욱 잘 수행할 수 있도록 도움을 주는 교육 프로그램의 커리큘럼을 설계한다면 교육의 컨텐츠로 일단 b에서 도출한 지식,기술,태도인 자신이 담당하고 있는 과목에 대한 구체적 지식(ex. 중학교 과학의 학습내용), 그리고 학생들을 대상으로

강의를 할 때 필요한 교수법이나 강의 스킬, 선생님으로서의
사명감과 같은 내용들이 그 교육의 컨텐츠로 포함되겠죠.

그리고 이러한 컨텐츠들을 어떤 방식으로 교육할 것인지
를 고려하고 해당 교육 프로그램의 교재는 세부적으로 어떻
게 구성하면 좋을지 세부 내용을 찾아서 구체적인 프로그램
을 설계할 수 있습니다.

이 방법은 지식, 기술, 태도에 대한 개념만 갖추고 있다면
일을 계속 '쪼개기'만 하면 되기 때문에 비교적 쉽게 접근할

수 있어서 가장 많이 활용되는 직무분석의 유형 중 하나인데요.

다만 각 직무의 '성과'에 대한 논의가 거의 배제된 상태에서 '세분화'만 하기 때문에 '성과'와 관련된 내용이 빠져 있어서 DACUM기법으로 직무분석을 실시할 경우 해당 직무의 '성과'에 대한 논의를 할 수 없다는 점이 많이 취약합니다. (실제 DACUM법으로 직무분석을 할 경우에는 '성과목표', 'KPI' 등을 제대로 도출하는 것이 거의 불가능합니다.)

따라서 Developing a Curriculum이라는 원래의 명칭에 맞게 교육 프로그램·커리큘럼을 설계하는데 주로 활용되는 방식이고 대표적으로 국가직무능력표준(NCS)이 바로 이 DACAUM기법에 의한 직무분석 방식으로 각 직무를 분석한 결과입니다.

그렇기 때문에 NSC도 각 직무의 성과와 관련된 논의들은 거의 배제되어 있고, 주로 역량개발 그리고 교육 프로그램 및 채용과 관련된 항목 들로만 구성되어 있습니다.

따라서 이 DACUM방식으로 직무분석을 실시할 경우에는 세부활동(행동), 직무역량, 직무자격 등의 결과물이 주로 도출되며 이전 챕터에서 말씀드렸던 일반적 결과물에서 '성과목표' 및 'KPI' 그리고 '성과행동'과 같은 '성과'에 포커스된 결과물은 도출되지 않습니다.

이 DACUM에 대해서는 이후 설명될 NCS에서 더 구체적으로 살펴볼 수 있으니 NCS를 다루는 챕터에서 더 구체적으로 학습하시기 바라며 지금부터는 특정 직무의 '성과'를 중심으로 분석하는 성과중심 직무분석 유형과 그 결과물에 대해서 살펴보도록 하겠습니다.

나 | 성과중심 직무분석 유형

직무분석의 첫번째 유형인 DACUM기법에 이어서 이번에는 직무분석의 두번째 유형인 성과중심 직무분석 기법에 대해서, 그리고 그 유형으로 직무분석을 진행했을 때의 결과물에 대해서 설명 드리도록 하겠습니다.

성과중심 직무분석 유형이라 함은 각 직무의 성과를 중심으로 그 성과에 영향을 미치는 요건들을 찾는 유형의 직무분석 기법을 말합니다.

직무의 행동을 세분화 시키는 유형의 기법인 DACUM기법에서는 '성과'라고 하는 것이 논의에서 배제되었기 때문에 직무분석을 통해 도출된 결과가 해당 직무의 '어떤 성과'

와 연결되는지를 알 수 없는 반면,

성과중심 직무분석 유형은 도출된 결과가 해당 직무의 어떤 성과와 연결되는 지의 흐름을 볼 수 있습니다.

따라서 성과를 중시하는 조직에서는 DACUM기법보다는 성과중심의 직무분석 기법을 훨씬 더 선호합니다.

이 성과중심 직무분석 기법의 대표적 유형으로 FA기법과 CBC기법 등이 있는데요.

이 기법에 대해서는 '이런 유형의 직무분석이 있다' 정도만 알아 두시기 바랍니다. 본 개론서를 학습한 이후 공부하게 될 '체계적 직무분석 방법론'에서 아주 구체적으로 다룰 예정이니까요.

가 FA기법(Function Analysis)

FA 기법이란 특정한 직무를 담당하면서 창출해야 하는 결과에 대해 분석하고 정리하는 기법을 말합니다.

그 결과가 곧 성과를 말하는 것이고요, 일반적으로 유럽에서 많이 활용되는 직무분석 기법으로 알려져 있고 진행되는 프로세스를 정리하면 아래와 같습니다.

핵심 목표 정의	하위 목표 설정	목표달성 과업 도출	하위 과업 세분화	하위 과업별 KSA도출	직무 구조도 작성
1단계	2단계	3단계	4단계	5단계	6단계

저 1단계부터 6단계까지의 내용을 여러분들이 이해하기 쉬운 사례로 살펴보도록 하겠습니다.

그림 4 직무구조도 사례

핵심 목표	하위 목표	목표달성 과업(Task)	하위과업 세분화	하위과업별 KSA
행복	건강증진	운동	자신에게 맞는 방법으로, 정기적으로 빠지지 않고 운동을 실시한다.	운동종류, 운동별 장단점, 운동 방법
		음식조절	건강에 나쁜 음식은 금하고 좋은 음식을 만들어 먹는다.	건강에 좋은 음식, 건강에 나쁜 음식, 요리 레시피
		생활습관개선	정해진 시간에 취침과 기상을 하는 규칙적 생활을 한다.	규칙적 생활의 좋은점, 규칙적으로 생활하는 방법
	수입증대	역량개발	현재 하고 있는 일에서 우수한 인재가 되기 위해 꾸준히 역량을 개발한다.	필요역량, 역량별 교육과정, 역량별 권장도서, 역량개발방법
		재테크	정기적으로 재무상태를 점검하고 경제상황을 체크하여 적절한 투자 포트폴리오를 구성한다.	재테크의 종류, 재무상태 점검방법, 포트폴리오 구성방법

		가족 동반여행	아무리 바빠도 가족과 정기 적으로 시간을 보낸다	가족과 함께할 수 있는 여행지, 가족 취향
	인 간 관 계 개 선	연락하기	지인들의 생일에 잊지 않고 전화한다	지인생일 및 기념일, 연 락처, 관계형성방법
		취미활동	사람들과 어울릴 수 있는 취 미활동을 꾸준히 실시한다.	각종 취미활동종류, 나 에게 맞는 취미활동 찾 는법, 동호회리스트

그림 4의 사례를 통해서 어떤 과업들을 해야 하는지, 그리고 그 성과를 창출하기 위해서 어떤 세부적인 일들을 잘해야 하며 어떤 지식(K), 기술(S), 태도(A)가 필요한지 등을 찾을 수 있습니다.

따라서 이러한 세부적인 일(과업)들과 지식, 기술, 태도가 어떤 성과에 연결되는지, 반대로 특정한 성과를 창출하려면 어떤 일들을 열심히 해야 하고 어떤 KSA를 갖춰야 하는지 흐름을 볼 수 있어 성과관리에 매우 유용하게 활용될 수 있는 기법입니다.

나 CBC기법

CBC(Competency Based Curriculum)기법은 기업 내 구성원들의 업무수행 능력에 초점을 맞춰서 그 능력 향상을 위한 업무기능과 결과를 분석함으로써 핵심역량을 파악하여 교육훈련체계를 갖출 수 있도록 도와주는 교육요구분석으로 잘 알려져 있습니다.

그러다 보니 주로 HRD영역에서 많이 사용되는 직무분석의 방법인데요, 사실 전체적인 흐름은 FA기법과 유사하나 각론에서 조금 차이가 있습니다.

우수 성과자 저의	기대 결과 도출	결과유인 활동 도출	필요 능력 도출	과업별 KSA 도출	직무 구조도 작성
1단계	2단계	3단계	4단계	5단계	6단계

위의 그림에서 보시다시피 성과(기대결과)를 설정하기 전 '우수성과자'란 어떤 사람을 말하는 지에 대한 정의를 먼저 설정하는 부분이 FA기법과의 차이라고 볼 수 있으며 나머지는 용어의 차이만 있을 뿐 개념은 거의 동일하다고 볼 수 있습니다.

따라서 직무구조도 사례도 위의 FA법 사례와 거의 동일합니다.

지금까지 가장 대표적인 성과중심 직무분석 유형으로 잘 알려진 FA기법과 CBC기법이란 무엇인지에 대해 간단하게 살펴보았습니다.

그런데 올바른 핵심목표(FA기법) 또는 기대결과(CBC기법)을 설정하기 위해서 선행되어야 할 '역할 설정'이라는 것이 있고 또 효과적인 목표달성과업(FA기법) 또는 결과유인활동(CBC기법)을 도출하기 위해 선행되어야 할 '핵심성공요인(CSF) 도출'이라는 것이 있습니다.

이는 초심자가 학습하기에는 매우 복잡한 설명을 필요로 하기 때문에 저희는 추후 별도의 교재를 활용하여 이 '역할 설정' 및 '핵심성공요인(CSF)'을 모두 포함한 훨씬 더 구체적인 성과중심 직무분석 방법에 대해 더 깊이 있는 학습을 진행하도록 하겠습니다.

INTRODUCTION TO JOB ANALYSIS

국가직무능력
표준(NCS)의
이해

직무분석이란 우리가 각자 조직에서
수행하는 일에 더 좋은 성과를 창출하기 위해서 자신이
담당하고 있는 일(직무)의 성과를 높여주는 요인들을
찾아내는 과정을 말합니다.

1 NCS란 무엇인가? NCS 기본 개념 이해하기

직무분석을 학습하면서 우리가 알아야 할 중요한 내용 중 하나는 바로 NCS입니다.

어떤분들께서는 "NCS와 직무분석이 무슨 관계가 있지?" 라고 생각하실 수도 있는데 NCS는 일종의 '표준 직무분석 결과'라고 할 수 있습니다.

지금부터 이 NCS에 대해서 차근차근 학습해보도록 하겠습니다.

가 NCS란 무엇인가?

NCS는 'National Competency Standards'의 앞글자를 따서 만든 용어이며 그 의미를 해석하자면 '국가직무능력표준', 그러니까 국가가 대한민국의 모든 직무에 대해서 필요한 능력(역량)을 표준화한 것을 말합니다.

물론 직무라고 하는 것은 시대의 흐름에 따라 없어지기도 하고 새로운 직무가 만들어지기도 하니까 '모든'을 추구하면서 계속 업데이트되는 것이지 실제 모든 직무를 다 담아낼 수는 없겠죠. 하지만 거의 '모든'에 가까울 정도로 상당히 많은 직무의 내용들을 커버합니다.

위에서 언급한 대로 NCS는 국가가 대한민국의 모든 직무에 대하여 필요한 능력(역량)을 표준화 한 것인데 어떤 방식으로 표준화를 했는지 이해하는 것이 먼저 필요할 것 같습니다.

먼저 샘플이 될 만한 기업·조직을 대상으로 직무분석을 실시합니다. 보통 DACUM방식으로 직무분석을 실시하는데 그러면 그 직무분석의 결과로 그 직무를 구성하는 세부적인 행동들과 필요한 지식,기술,태도 등의 결과물이 도출되겠죠.

그 결과물들을 다른 기업들 에서도 동일한 직무에 적용할 수 있도록 표준화 시켜 놓은 것을 NCS라고 이해하시면 됩니다.

따라서 각 회사에서는 NCS에서 제공하는 각 직무에 대한 정보(직무분석 결과물)을 가져다가 해당 직무의 내용을 자신의 회사에 동일 직무에 적용하면 되기 때문에 별도로 직무분석을 실시할 필요가 없어 직무분석이라는 복잡한 절차를 진행하지 않아도 되기 때문에 편의성이 매우 높다는 장점이 있습니다.

하지만 '표준'이라는 것은 늘 그렇듯이 '보편적인 정보'를 담을 수 밖에 없어 각 회사의 특성을 구체적으로 담아 내기에는 한계가 있으며 또 DACUM이라는 기법의 한계 상 각 직무 정보들이 '어떤 성과와 연계되어 있는지'를 판단할 수 있는 정보는 제공되지 않습니다. (성과목표, KPI 등 성과관련 정보들은 NCS에 포함되어 있지 않습니다.)

나 NCS 분류체계

NCS에서는 구체적으로 각 직무에 대한 어떤 정보들을 제공하고 있는지를 파악하려면 NCS 분류체계라는 것을 이해해야 합니다.

NCS분류체계는 말 그대로 NCS가 어떤 체계로 구성되

어 있는지를 설명해주는 형식이며 다음과 같은 구성되어 있습니다

a. 직무를 세분화한 단위

'대분류 - 중분류 - 소분류 - 세분류 - 능력단위-능력단위 요소 - 수행준거'는 특정한 업무의 단위를 가장 큰 단위부터 점점 더 세세하게 나눈 단위라고 볼 수 있습니다.

그러니까 대분류를 가장 큰 단위로, 그 대분류 업무들을 일정한 기준으로 세분화한 것이 중분류, 중분류 업무들을 더 세부적으로 쪼갠 것이 소분류… 이렇게 수행준거까지는 계속 더 세부적으로 나눈 개념입니다.

다만 수행준거의 경우 '능력판단'을 위해 '~할 수 있다'라는 표현으로 되어있다는 점만 차이가 있죠.

참고로 NCS에서는 '세분류'를 '직무'로 못박아 두었습니다. 사실 조직의 상황에 따라 대분류나 중분류 아니면 어떤 회사에서는 능력단위요소 단위가 '직무'가 될 수 있지만 NCS에서는 세분류의 업무를 직무로 규정하고 있다는 점 기억해 두시기 바랍니다.

그림 1 NCS 분류체계

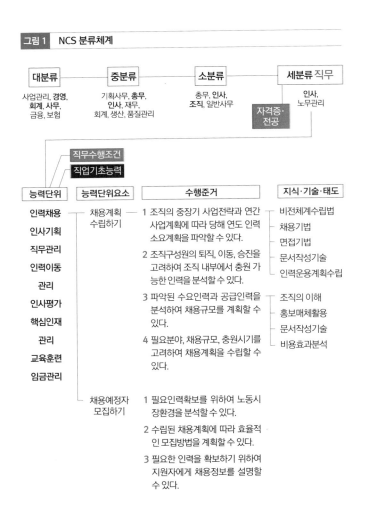

b. 지식, 기술, 태도

수행준거 상의 행동을 실제 할 수 있으려면 알아야 하는 지식, 기술, 태도를 말합니다.

예를 들어 '조직의 중장기 사업전략과 연간 사업계획에 따라 당해 연도 인력 소요계획을 파악할 수 있다'라는 수행준거 상의 행동을 잘 하기 위해서는 '비전체계수립방법, 채용기법, 면접기법'에 대한 지식과 '문서작성기술' 및 '인력운영계획수립'과 같은 기술이 필요하 듯, 각각의 수행준거에 대한 '지식, 기술, 태도'를 정리해 두었습니다.

c. 직무자격

특정 직무에 관한 '자격증'은 어떤 것들이 있는지, 그리고 각 능력단위 업무들을 수행하려면 어떤 '직무수행조건'과 '직업기초능력'이 필요한지를 정리해 둠으로써 이것을 해당 직무의 채용이나 배치 그리고 때로는 평가의 기준으로 활용할 수 있도록 하였습니다.

NCS에는 제공하는 직무에 대한 모든 정보들은 전부 이 Frame을 기본으로 제공되고 있습니다.

NCS의 모든 정보들은 'www.ncs.go.kr' 사이트에서 다운로드 받으실 수 있습니다.

2 NCS를 통해 얻을 수 있는 다양한 HR 문서양식

NCS가 무엇인지에 대해 대략적인 개념을 살펴보고 인사담당자 직무의 사례를 통해 NCS의 기본구조를 이해하셨으리라 생각합니다.

NCS는 이렇게 각종 직무에 대한 '능력·역량'을 중심으로 중요한 정보들을 제공하고 있는데요, 이 정보들을 개별 기업에서 더 편리하게 활용할 수 있도록 직무기술서나 평가시트와 같은 다양한 인사관리에 활용할 수 있는 문서로 제작해 놓았습니다.

이번 글에서는 NCS가 과연 어떤 인사관리 문서들을 제공하고 있는지, 그 문서들 가운데 특별히 중요한 문서의 종류에 대해 알아보겠습니다.

가 평생경력개발 체계도

그림 1 NCS에서 제공하는 대표적 인사관리 문서의 종류

평생경력개발체계도는 회사에 특정 직무 담당자로 입사한 직원이 최초 어떤 업무로부터 시작해서 연차가 쌓여가고 승진·승급을 할수록 어떤 업무로 그 경력을 개발하는 것이 좋은지에 대한 계획표입니다.

위의 그림에서 인사직무 담당자로 입사한 신입사원은 최초 급여, 퇴직업무지원 업무로부터 일을 시작하는 것이 좋고,

이후 연차가 쌓여 대리로 승진을 하게 되면 인사평가, 조직문화관리, 인사 아웃소싱 업무를 거쳐 과장 때는 직무관리, 인력채용, 인력이동관리 등,

그리고 차장이 되면 인사기획업무를 담당하는 것이 경력개발 상 좋을 것이라는 CDP 측면의 업무변동계획을 정리해 놓은 표입니다. (인사와 노무관리 업무 간 서로 이동할 수 있는 경로도 마련해 놓은 것을 위 그림에서 볼 수 있습니다.)

이를 통해서 개별 직원들은 앞으로 자신이 어떤 경력을 쌓게 될 것이라는 예측을 통해 업무에 대한 기대감을 가질 수 있고, 미리 필요한 학습을 진행하며 자신이 어떤 전문성을 쌓게 될 것인지에 대해 알 수 있습니다

나 경력개발경로모형

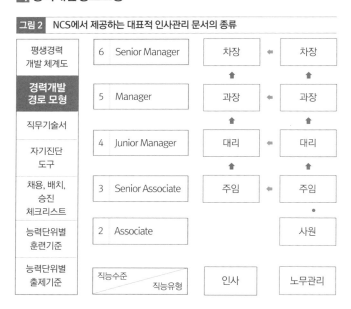

| 그림 2 | NCS에서 제공하는 대표적 인사관리 문서의 종류 |

경력개발경로 모형은 평생경력개발 체계도와 거의 유사한 HR문서라고 보시면 됩니다

개인적으로는 평생경력개발 체계도만 있어도 될 것 같은데 NCS에서는 세심하게 이 모형까지 별도의 문서로 제공하고 있습니다. (자세한 설명 생략)

🔲 직무기술서

그림 3	NCS에서 제공하는 대표적 인사관리 문서의 종류

<table>
<tr>
<td rowspan="2">평생경력
개발 체계도</td>
<td>직무</td>
<td>인사</td>
<td>능력단위분류번호</td>
<td>0202020110_16v2</td>
</tr>
<tr>
<td colspan="2"></td>
<td>능력단위</td>
<td>복리후생관리</td>
</tr>
<tr>
<td rowspan="2">경력개발
경로 모형</td>
<td>직무
목적</td>
<td colspan="3">조직 경영전략, 예산계획에 의거 조직구성원들의 근로조건 개선 및 복지 증진을 위한 복리후생제도를 운영할 수 있다.</td>
</tr>
<tr>
<td>개발
날짜</td>
<td>2016.
6. 30</td>
<td>개발기관</td>
<td>대한상공회의소</td>
</tr>
<tr>
<td rowspan="3">직무기술서</td>
<td colspan="2">주요업무</td>
<td colspan="2">책임 및 역할</td>
</tr>
<tr>
<td colspan="2">복리후생
제도
설계하기</td>
<td colspan="2">• 조직의 경영전략 복리후생 예산에 의거하여 조직구성원들의 니즈를 조사한다.
• 조직구성원들의 니즈조사를 기초하여 복리후생 항목의 우선순위를 결정한다.</td>
</tr>
<tr>
<td colspan="2">부합요건
심사하기</td>
<td colspan="2">• 수립된 복리후생 제도에 따라 전체 조직구성원들에게 공지한다.
• 복리후생 항목별 자격조건에 부합한 조직구성원들의 신청을 접수한다.</td>
</tr>
<tr>
<td rowspan="2">자기진단
도구</td>
<td colspan="2">구분</td>
<td colspan="2">상세내용</td>
</tr>
<tr>
<td colspan="2">학습경험</td>
<td colspan="2">• 고등학교 졸업(전공: 상경계열, 인문사회계열, 법정 계열)
• 지도사 과정(분야: 총무 인사)</td>
</tr>
<tr>
<td rowspan="3">채용, 배치,
승진
체크리스트</td>
<td colspan="2" rowspan="3">자격증</td>
<td colspan="2" rowspan="3">• 경영지도사(인적자원관리)
• PHR(Proressional in Human Resources)
• SPHR(Senior Professional in Human Resources)</td>
</tr>
<tr></tr>
<tr></tr>
<tr>
<td rowspan="3">능력단위별
훈련기준</td>
<td colspan="2" rowspan="3">지식 기술</td>
<td colspan="2" rowspan="3">• 복리후생제도 설계 방법
• 기획력
• 분석력</td>
</tr>
<tr></tr>
<tr></tr>
<tr>
<td rowspan="2">능력단위별
출제기준</td>
<td colspan="2">사전직무경험</td>
<td colspan="2">인사평가, 조직문화관리, 인사 아웃소싱</td>
</tr>
<tr>
<td colspan="2">직무숙련기간</td>
<td colspan="2">약 1년</td>
</tr>
</table>

출처: NCS 국가직무능력표준 홈페이지 (www.ncs.go.kr) 인사직무의 사례

직무기술서는 해당 직무의 중요한 관리기준들을 정리해 놓은 문서입니다.

NCS는 대분류 – 중분류 – 소분류 – 세분류 – 능력단위 – 능

력단위요소-수행준거-지식, 기술, 태도 그리고 자격증과 직무수행조건과 같은 직무자격의 분류체계로 구성되어 있으므로 이 내용들을 모두 직무기술서에 정리해 두었다고 보면 됩니다.

다만 이 내용들을 정리해 놓은 '단위'가 직무에 해당하는 세분류 단위가 아니라 '능력단위'별로 정리가 되어 있다는 점에 유의하시기 바랍니다.

위 그림에서 주요업무는 '능력단위요소', 책임 및 역할은 '수행준거'의 내용입니다.

라 자가진단도구

그림 4 | NCS에서 제공하는 대표적 인사관리 문서의 종류

	진단영역	진단문항	매우 미흡	미흡	보통	우수	매우 우수
평생경력 개발 체계도	인사전략 수립하기	1 나는 조직의 비전과 중·장기 사업전략에 따라 인사전략 환경을 분석할 수 있다.	①	②	③	④	⑤
		2 나는 인사전략 환경 분석 결과에 따라 중·장기 인사전략의 방향성을 수립할 수 있다.	①	②	③	④	⑤
경력개발 경로 모형		3 나는 중·장기 방향성에 따라 당해 연도의 인사전략을 수립할 수 있다.	①	②	③	④	⑤
직무기술서	인력 운영계획 수립하기	1 나는 수립된 인사전략에 따라 인력의 수요를 예측할 수 있다.	①	②	③	④	⑤
		2 나는 인력수요 예측 결과에 따라 현인원의 적정성을 분석할 수 있다.	①	②	③	④	⑤
자기진단 도구		3 나는 적정선 분석결과에 따라 인력운영 계획을 수립할 수 있다.	①	②	③	④	⑤
채용, 배치, 승진 체크리스트	인건비 운영계획 수립하기	1 나는 인력운영계획에 따라 인건비에 변동을 주는 영향요인을 파악할 수 있다.	①	②	③	④	⑤
		2 나는 영향요인을 반영하여 인력운영 효율성을 분석할 수 있다.	①	②	③	④	⑤
능력단위별 훈련기준		3 나는 인력운영 효율성 분석에 따라 조직의 인건비 운영 계획을 수립할 수 있다.	①	②	③	④	⑤

진단영역	문항 수	합계점수	합계점수 ÷ 문항 수
합계			

자신의 점수를 문항 수로 나눈 값이 '3점' 이하에 해당하는 영역은 업무를 성공적으로 수행하는데 요구되는 능력이 부족한 것으로 훈련이나 개인학습을 통한 개발이 필요함.

출처: NCS 국가직무능력표준 홈페이지 (www.ncs.go.kr) 인사직무의 사례

자가진단도구는 말 그대로 자신의 업무능력에 대해서 스스로 진단할 수 있도록 만든 일종의 '본인평가표'입니다.

　자가진단도구이기는 하지만 상사가 부하직원을 평가하는 용도로 사용해도 무방합니다.

　위의 그림 4에서 진단영역은 '능력단위요소'에 해당하고 '진단문항'은 '수행준거'에 해당합니다.

　따라서 이 수행준거 상의 업무를 얼마나 잘 수행하느냐에 따라 매우 미흡부터 매우 우수까지 5단계로 본인평가, 상사평가 등을 진행할 수 있게 됩니다.

　하지만 이 NCS는 성과와의 연계성이 없기 때문에 '능력을 평가'하는 용도로를 사용할 수 있지만 '성과를 평가'하는 용도로는 사용할 수 없습니다

마 채용, 배치, 승진 체크리스트

그림 5 NCS에서 제공하는 대표적 인사관리 문서의 종류

평생경력 개발 체계도	목적: □ 채용 □ 배치 □ 승진			주임			
	[직업기초능력]						
경력개발 경로 모형	평가영역	평가문항	매우 미흡	미흡	보통	우수	매우 우수
직무기술서	의사 소통 능력	업무를 수행함에 있어 다른 사람이 작성한 글을 읽고 그 내용을 이해할 수 있다.	①	②	③	④	⑤
자기진단 도구		업무를 수행함에 있어 자기가 뜻한 바를 말로 나타낼 수 있다.	①	②	③	④	⑤
채용, 배치, 승진체크 리스트		업무를 수행함에 있어 외국어로 의사소통할 수 있다.	①	②	③	④	⑤
	자원 관리 능력	업무수행에 필요한 시간자원이 얼마나 필요한지를 확인하고, 이용 가능한 시간자원을 최대한 수집하여 실제 업무에 어떻게 활용할 것인지를 계획하고 할당할 수 있다.	①	②	③	④	⑤
능력단위별 훈련기준		업무수행에 필요한 인적자원이 얼마나 필요한지를 확인하고, 이용가능한 인적자원을 최대 수집하여 실제 업무에 어떻게 활용할 것인지를 계획하고, 할당할 수 있다.	①	②	③	④	⑤
능력단위별 출제기준							

출처: NCS 국가직무능력표준 홈페이지 (www.ncs.go.kr) 인사직무의 사례

채용, 배치, 승진 체크리스트는 특정한 직무에 '채용'하거나 '배치'하거나 '승진'시키려고 하는 대상자들이 그 직무에 얼마나 적합한 사람인지를 평가하는 평가표입니다.

이 표를 토대로 평가를 실시하여 채용 합격자를 선정하고,

직무 적합인력을 배치하거나 '승진'대상자 중 최종 승진자를 선정하는 용도로 활용됩니다.

위 그림의 평가영역은 NCS 분류체계에서 직무자격에 해당하는 '직업기초능력'의 내용이며, 이 직업기초능력 외에 '수행준거'를 통해서 직무수행능력을 평가하기도 합니다.

바 능력단위별 훈련기준

능력단위별 훈련기준은 특정한 업무를 수행하는 사람에게 어떤 내용의 교육을 어떤 방법으로 실시하는 것이 좋을지에 대한 구성을 정리해 놓은 문서입니다.

그림 6에서 '과정·과목명'은 '능력단위'에 해당하며 훈련목표는 '직무기술서'에 정리되어 있는 해당 능력단위의 '직무목적'에 해당하는 내용입니다.

그리고 이 교육을 실시하기 위해서 어떤 장비들이 필요하고 어떤 내용들이 교육에서 다루어 져야 하는지가 아래와 같이 NCS분류체계에 의해 정리되어 있습니다.

그림 6	NCS에서 제공하는 대표적 인사관리 문서의 종류

과정/과목명: 0202020114_16v3 퇴직업무지원

훈련개요

평생경력 개발 체계도		
	훈련목표	퇴직사유가 있는 퇴직 예정자를 확인하여 퇴직유형에 적합한 퇴직절차를 수행하는 능력을 함양
경력개발 경로 모형	수준	3수준
	훈련시간	20시간
직무기술서	훈련가능시설	강의실
자기진단 도구	권장훈련 방법	집체훈련 또는 현장실습

단원명 (능력단위요소명)	훈련내용(수행 준거)	평가시 고려사항
퇴직예정자 확인하기	1.1 각종 퇴직사유를 고려하여 조직 내 퇴직 예정자를 파악할 수 있다. 1.2 파악된 퇴직 예정자에 대해 실제 퇴직 여부를 확인 할 수 있다. 1.3 확인된 퇴직예정자에게 적합한 퇴직 절차를 준비할 수 있다.	• 평가자는 다음의 사항을 평가해야 한다. • 종류별 퇴직 사유에 대한 퇴직 절차를 이해하고 적용할 수 있는지를 평가해야 한다.
퇴직절차 진행하기	2.1 퇴직이 결정된 당사자에게 퇴직절차에 대해 설명 할 수 있다. 2.2 퇴직유형에 따라 퇴직 예정자에게 지급해야할 퇴직금을 산정할 수 있다.	

구분	주요내용
지식	• 퇴직업무지원규정 • 근로기준법 • 4대 사회보험 관련법 • 퇴직유형별 퇴직금 산출방법
기술	• 퇴직사유 파악을 위한 인터뷰 기술 • 대인관계 기술
태도	• 퇴직유형 및 사유 파악에 대한 객관적 태도 • 퇴직자에 대한 배려 • 내부정보 보호를 위한 세심한 관리

왼쪽 사이드 항목: 채용, 배치, 승진 체크리스트 / **능력단위별 훈련기준** / 능력단위별 출제기준

장비명	단위	활용구분(공용/전용)	1대당 활용인원
• 컴퓨터	대	공용	1인
• 프린터	대	공용	20인
• 빔 프로젝터	대	공용	20인
• 화이트보드	대	공용	20인

재료목록
해당없음

재료는 주재료만 제시한 것으로 그 외의 재료는 별도로 확보

출처: NCS 국가직무능력표준 홈페이지 (www.ncs.go.kr) 인사직무의 사례

🔲 능력단위별 출제기준

그림 7   NCS에서 제공하는 대표적 인사관리 문서의 종류

	평가 방법	능력단위요소(세부항목)	수행준거(세세항목)
평생경력 개발 체계도	평가 내용	0202020106_13v1.1 핵심인재 관리제도 설계하기	1.1 조직의 전략적 인력양성 목적에 따라 조직이 필요로 하는 핵심인재를 정의할 수 있다. 1.2 핵심인재 정의에 따라 핵심인재 관리체계를 수립할 수 있다. 1.3 핵심인재 관리체계에 따라 단계별 제도를 설계할 수 있다.
경력개발 경로 모형			
직무기술서		0202020105_13v1.2 핵심인재 선발하기	2.1 핵심인재 선발 기준에 따라 핵심인재 후보군을 선별할 수 있다. 2.2 선별된 핵심인재 후보군에 대하여 다각적인 평가를 실시할 수 있다. 2.3 평가받은 후보자에 대하여 경영진의 승인을 통해 최종 선발을 할 수 있다.
자기진단 도구			
채용, 배치, 승진 체크리스트		0202020105_13v1.3 핵심인재 육성하기	3.1 핵심인재관리체계에 따라 핵심인재 유형별 육성 지원 방안을 수립할 수 있다. 3.2 육성지원 방안에 따라 핵심인재 교육을 실시할 수 있다. 3.3 육성지원 방안에 따라 교육 외 지원활동을 실시 할 수 있다.
능력단위별 훈련기준			
능력단위별 출제기준	관련 지식	• 핵심인재 관리 모델 • 조직개발 방법 • 경력개발 방법	
	평가 시설 장비	• 컴퓨터 • 프린터 • 빔 프로젝터	

출처: NCS 국가직무능력표준 홈페이지 (www.ncs.go.kr) 인사직무의 사례

마지막으로 능력단위별 출제기준은 해당 업무를 담당하는 사람들의 직무능력 또는 교육 종료 후 학습평가를 실시할 때 어떤 내용으로 출제가 이루어져야 하는지를 정리해 놓은

문서입니다.

마찬가지로 대부분의 내용들이 NCS 분류체계의 내용들로 구성되어 있습니다.

이렇게 NCS에서 제공하는 다양한 인사관리 문서들은 NCS분류체계에서 제공하는 각종 정보들을 인사관리의 용도(채용, 평가, 승진, 배치, 교육 등)에 맞도록 재구성을 한 문서입니다.

따라서 NCS 분류체계를 정리해 놓은 엑셀표만 갖추고 있으면 굳이 이렇게 문서화하지 않아도 그때그때 해당 직무의 분류체계 상 내용을 스스로 선택해서 활용할 수 있습니다.

INTRODUCTION TO JOB ANALYSIS

직무분석의
활용분야

직무분석이란 우리가 각자 조직에서
수행하는 일에 더 좋은 성과를 창출하기 위해서 자신이
담당하고 있는 일(직무)의 성과를 높여주는 요인들을
찾아내는 과정을 말합니다.

1 직무분석의 활용분야

이전 챕터에서 살펴본 NCS의 결과이건, 또는 DACUM기법으로 대변되는 행동세분화 유형의 직무분석 결과이건 아니면 성과중심 직무분석을 통해 도출된 결과이건,

이 직무분석을 통해서 도출된 결과물들은 조직관리(주로 인사관리)에 활용이 됩니다.

NCS에서 제공하는 다양한 HR 문서양식을 학습하면서도 각 문서양식에 기록된 NCS 데이터들을 채용, 배치, 평가, 교육훈련 등 다양한 인사관리 분야에 활용할 수 있다는 것을 이해하셨겠지만 직무분석의 결과가 인사관리의 어떤 영역에 어떻게 활용될 수 있는지를 직무분석의 유형별(DACUM&NCS기법, FA기법, CBC기법의 결과물)로 구분하여

좀 더 자세하게 살펴보도록 하겠습니다.

먼저 각 유형별 결과물을 보시죠.

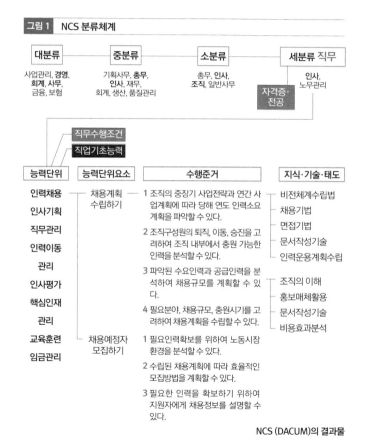

그림 1 | NCS 분류체계

대분류	중분류	소분류	세분류 직무
사업관리, **경영**, **회계, 사무**, 금융, 보험	기획사무, **총무**, **인사**, 재무, 회계, 생산, 품질관리	총무, **인사**, **조직**, 일반사무	**인사**, 노무관리

자격증·전공

직무수행조건
직업기초능력

능력단위	능력단위요소	수행준거	지식·기술·태도
인력채용 **인사기획** **직무관리** **인력이동** **관리** **인사평가** **핵심인재** **관리** **교육훈련** **임금관리**	채용계획 수립하기	1 조직의 중장기 사업전략과 연간 사업계획에 따라 당해 연도 인력소요계획을 파악할 수 있다. 2 조직구성원의 퇴직, 이동, 승진을 고려하여 조직 내부에서 충원 가능한 인력을 분석할 수 있다. 3 파악된 수요인력과 공급인력을 분석하여 채용규모를 계획할 수 있다. 4 필요분야, 채용규모, 충원시기를 고려하여 채용계획을 수립할 수 있다.	비전체계수립법 채용기법 면접기법 문서작성기술 인력운용계획수립
	채용예정자 모집하기	1 필요인력확보를 위하여 노동시장 환경을 분석할 수 있다. 2 수립된 채용계획에 따라 효율적인 모집방법을 계획할 수 있다. 3 필요한 인력을 확보하기 위하여 지원자에게 채용정보를 설명할 수 있다.	조직의 이해 홍보매체활용 문서작성기술 비용효과분석

NCS (DACUM)의 결과물

핵심 목표 정의	하위 목표 설정	목표달성 과업 도출	하위 과업 세분화	하위 과업별 KSA도출	직무 구조도 작성
1단계	2단계	3단계	4단계	5단계	6단계

FA기법의 결과물

우수 성과자 저의	기대 결과 도출	결과유인 활동 도출	필요 능력 도출	과업별 KSA 도출	직무 구조도 작성
1단계	2단계	3단계	4단계	5단계	6단계

CBC기법의 결과물

NCS에서는 FA기법의 핵심목표 정의나 CBC의 우수성과자 정의와 같은 결과물을 도출하지는 않습니다. 다만 NCS 정보 중 직무정의라는 것이 이와 조금 유사하다고 할 수 있는데 '목표'나 '지향점'의 개념이 아닌 업무에 대한 단순 설명이기 때문에 핵심목표 정의와 우수성과자 정의와는 차이가 있다고 할 수 있습니다. (이것이 NCS 또는 DACUM 기법의 아쉬운 점입니다.)

FA의 '하위목표'나 CBC의 '기대결과' 또한 마찬가지입니다.

그리고 FA기법에서 4단계 '하위과업 세분화'와 CBC기법

3단계의 '결과유인활동'은 NCS의 '수행준거'와 비슷한 개념이며 마지막으로 FA기법의 KSA 그리고 CBC기법의 KSA는 NCS에서도 지식(K), 기술(S), 태도(A)로 동일한 개념임을 알 수 있습니다.

그렇다면 이 결과물들이 인사관리에 어떻게 활용될 것인지 분야별로 살펴보겠습니다.

가 채용·배치

NCS, FA, CBC모두 직무역량에 해당하는 지식(K), 기술(S), 태도(A)가 도출됩니다. 따라서 우리는 직무분석을 통해 도출된 이 KSA라는 결과물을 통하여 어떤 지식, 기술, 태도를 갖춘 사람을 해당 직무에 채용하고 배치해야 할 것인지를 파악할 수 있게 됩니다.

그런데 해당 지식, 기술, 태도를 보유한 사람이라고 해도 실제 수행해야 할 일(활동)을 못하면 소용이 없기 때문에 채용·배치 단계에서 가능하면 실기 테스트를 통해 실제 수행해야 할 일들을 잘 하는지 못하는 지를 검증해야 할 필요가 있는데 이 때 NCS의 수행준거, FA의 하위과업, CBC

의 결과유인활동을 그 검증 테스트의 주제와 내용으로 면접 전형을 실시하여 해당 직무에 더 바람직한 사람을 채용하고 배치할 수 있습니다

나 교육훈련

NCS, FA, CBC 모두에서 공통적으로 도출하는 결과물인 지식, 기술, 태도는 해당 직무 담당자들의 직무교육의 내용(컨텐츠)으로 선정할 수 있습니다.

그리고 수행준거, 하위과업 그리고 결과유인활동은 특정 직무 교육의 '학습목표'로 삼아 교육 프로그램을 기획하실 수 있습니다.

다 승진·보상

NCS 분류체계를 보시면 (NCS 분류체계를 잊으셨다면 이전 챕터로 다시 돌아가서 살펴보세요) 능력단위라는 구분이 있습니다. 그리고 그 능력단위별로 수준을 설정해 놓은 것을 볼 수 있습니다.

| 그림 2 | NCS 능력단위 |

순번	분류번호	능력단위명	수준
1	0202020101_13v1	인사기획	6
2	0202020102_13v1	직무관리	5
3	0202020103_16v2	인력채용	5
4	0202020104_13v1	인력이동관리	5
5	0202020105_13v1	인사평가	4
6	0202020106_13v1	핵심인재관리	5
7	0202020107_16v2	교육훈련 운영	5
8	0202020108_16v2	임금관리	5
9	0202020109_16v3	급여지급	3
10	0202020110_13v1	복리후생 관리	5
11	0202020111_13v1	조직문화 관리	4
12	0202020113_13v1	인사 아웃소싱	4
13	0202020114_16v3	퇴직업무지원	3
14	020202015_16v3	전직지원	5

위의 사례는 인사직무(세분류)에 해당하는 능력단위와 그 수준을 정리한 표인데요…

이렇게 특정한 직무는 다양한 능력단위로 구성되어 있는데, 회사마다 직무에 속한 능력단위가 다릅니다. 동일한 직무를 수행하는 담당자라고 하더라도 차이가 있을 수 있고요.

따라서 각 회사에서는 NCS 능력단위와 능력단위 수준을 참고하여서 직무의 평균수준을 책정할 수 있습니다.

예를 들어 A회사 인사직무 담당자가 인력채용, 인력이동관리 그리고 핵심인재관리 업무를 수행한다면 (5+5+5)/3=평균 5점으로 직무레벨을 설정할 수 있겠죠.

그런데 다른 회사의 인사직무 담당자는 하는 일이 다를 수 있습니다. 예를 들어 인사평가, 조직문화관리 그리고 인사 아웃소싱 업무를 담당한다고 해보겠습니다.

그러면 (4+4+4)/3=평균 4점으로 직무 레벨이 설정될 겁니다.

이렇게 NCS의 직무수준을 참고하여 각 회사마다 직무의 레벨이 어느정도 되는지를 측정하여 직무 수준의 평균점수를 산정함으로써 직무급의 기초로 삼을 수 있습니다.

INTRODUCTION TO JOB ANALYSIS

직무분석 컨설턴트의 역할

직무분석이란 우리가 각자 조직에서
수행하는 일에 더 좋은 성과를 창출하기 위해서 자신이
담당하고 있는 일(직무)의 성과를 높여주는 요인들을
찾아내는 과정을 말합니다.

지금까지 직무분석에 대한 대략적인 이해를 돕기 위한 이론적 학습을 진행하였습니다.

이 직무분석이 실제 조직에서 원활히 진행되고 또 효과적으로 활용될 수 있도록 하려면 누군가가 처음부터 끝까지의 과정을 차근차근 이끌어가는 역할을 해주어야 합니다.

조직 내에서는 주로 인사담당자·교육담당자가 이 역할을 수행할 것이고, 조직 외부에 맡길 때에는 직무분석 컨설턴트에게 이 역할을 의뢰하겠죠.

따라서 조직 내에서 이 역할을 수행하는 인사담당자·교육담당자도 직무분석 컨설턴트가 갖춰야 하는 능력을 함양하여 이 역할을 성공적으로 이행할 수 있도록 노력해야 합니다.

그렇다면 직무분석 컨설턴트는 직무분석의 전 과정에서 어떤 역할을 수행할까요?

직무분석 컨설턴트가 해야 하는 역할에 대해서 살펴보도록 하겠습니다.

먼저 직무분석 컨설턴트의 미션을 한 문장으로 정리하면 아래와 같습니다.

"직무분석을 통해 조직의 성과관리가 더욱 체계적
으로 이루어질 수 있도록 돕는다"

이 미션을 충실히 이행하기 위해 직무분석 컨설턴트는 구체적으로 어떤 역할들을 담당해야 할까요?

가 프로세스 설계자

최초 직무를 분류하는 것부터 시작하여 각 직무별 대표자(SME)를 선정하고 이를 대상으로 가장 효과적인 직무분석 유형(행동세분화 직무분석, 성과중심 직무분석)을 선택하여 직무기술서를 제작하기까지의 전반적인 프로세스를 조직의 특성과 직무분석 목적에 맞게 잘 설계하는 역할을 해야 합니다.

이 설계가 잘못되면 직무분석 과정이 매끄럽지 못하거나 직무가 잘 못 분류되거나 또는 해당 직무에 대한 전문성이 부족한 직무 대표자(SME)가 선발되는 등의 문제가 발생하여 조직 성과향상에 별 도움이 되지 못하는 결과물이 도출될 수도 있습니다. 따라서, 직무분석의 각 단계가 효과적으로 진행될 수 있도록 직무분석 컨설턴트는 최적의 프로세스를 설계할 수 있도록 노력해야 합니다

📙 퍼실리테이터

직무분석이 진행되는 과정에서 실제 결과물을 도출하는 역할은 직무 대표자(SME)가 담당하게 됩니다. 직무분석 컨설턴트는 해당 직무에 대한 이해가 없기 때문에 SME로부터 양질의 결과물이 도출될 수 있도록 인터뷰를 진행하거나 워크샵 등을 진행하게 되는데요.

이 때 직무분석 컨설턴트에게 가장 중요한 것은 SME가

더 좋은 결과물을 찾아낼 수 있도록 그들을 이끌어가는 퍼실리테이터 역할을 잘 수행하는 것입니다.

컨설턴트가 답을 알지 못하기 때문에 SME의 머릿속에 산재해 있는 정보들을 체계적으로 도출해내는 퍼실리테이션을 효과적으로 진행하는 것이 매우 중요합니다.

다 강의자

직무분석을 통해 결과물을 도출하는 과정을 직무분석 컨설턴트가 혼자 할 수는 없습니다.

위에서 말씀드린 대로 직무분석 컨설턴트는 해당 직무에 대한 깊은 지식이 부족하기 때문입니다.

컨설턴트   sme

**직무 분석에
대한 전문지식**   **직무에 대한
전문지식**

직무분석이 원활하게 진행되려면 먼저 직무에 대한 지식이 필요하고, 또 직무분석에 대한 지식이 필요합니다.

직무분석 컨설턴트는 직무분석에 대한 전문지식은 보유하고 있지만 직무에 대한 전문 지식은 보유하고 있지 못합니다.

그리고 직무 대표자인 SME는 직무에 대한 전문지식은 보유하고 있지만 직무분석에 대한 전문지식은 보유하고 있지 못합니다.

따라서 직무분석 컨설턴트와 SME가 서로의 장점을 상대방에게 제공해주고 서로의 단점을 보완해줄 때 직무분석이 효과적으로 진행될 수 있는 것이죠.

이 과정에서 직무분석 컨설턴트는 자신이 갖고 있는 직무분석에 대한 전문지식을 SME 또는 다른 사람들에게 설명하는 일을 많이 하게 됩니다.

워크샵에서 강의를 하기도 하고… 직무분석 과정이 종료되면 이 결과에 대해서 조직 구성원들이 잘 활용할 수 있도록 활용방법에 대해 설명을 하기도 합니다.

따라서 수시로 강의를 진행하는 강의자로서의 역할도

직무분석 컨설턴트에게 매우 중요한 역할이라고 할 수 있습니다.

INTRODUCTION TO JOB ANALYSIS

직무분석 심화
학습방법 안내

직무분석이란 우리가 각자 조직에서
수행하는 일에 더 좋은 성과를 창출하기 위해서 자신이
담당하고 있는 일(직무)의 성과를 높여주는 요인들을
찾아내는 과정을 말합니다.

지금까지 직무분석에 대한 전체적인 이론적 개념들을 살펴보았는데요… 이 내용들은 '이론적 기초지식'이라고 할 수 있습니다.

따라서 이 내용만으로는 여러분들이 직무분석을 실무적 차원에서 진행하는 데는 한계가 있습니다.

혹시 여러분들 가운데 직무분석에 대해 더 실제적이고 구체적인 내용들을 학습하기 원하시는 분들을 위해 심화학습방법을 알려드리도록 하겠습니다.

앞으로 인사담당자로서 조직의 직무분석을 성공적으로 이끌어가고 싶다 거나 아니면 직무분석 컨설턴트에 관심이 있으신 분들께서는 이 심화학습방법을 통해서 더 많은 내용들을 학습하시기를 바랍니다.

가 성과중심 직무분석 방법의 학습

DACUM기법은 업무를 계속 세분화하면 되기 때문에 비교적 수월하게 접근할 수 있습니다.

하지만 해당 직무에게 조직이 기대하는 '성과'에 대한 측면이 연결되지 않기 때문에 일반적인 기업과 조직에서는 그 활용에 한계가 있을 수 밖에 없는데요…

따라서 기업에서는 DACUM과 같은 행동 세분화 유형의 직무분석 보다는 성과중심 직무분석이 더 유용할 수 밖에 없기 때문에 여러분들께서는 성과중심 직무분석에 대해 추가적으로 학습하시기를 권해드립니다.

이 성과중심 직무분석에 대해 이해하시면 그 과정에서 DACUM과 같은 행동 세분화 직무분석 유형에 대해서도 자연스럽게 학습이 이루어질 수 있습니다.

성과중심 직무분석의 방법을 직무분류부터 직무기술서 제작 및 활용까지 전 과정에 대해 상세히 소개한 책이 2017년 출판된 체계적 직무분석 방법론(플랜비디자인)입니다.

이 책은 HR실무자를 위한 직무분석 교재이기 때문에 학습하고 실무에 적용하실 수 있습니다. 총 360페이지가 넘는 방대한 내용들을 다루고 있으니 성과중심 직무분석에 대해 더 깊게 다가갈 수 있습니다.

나 SME입장에서의 직무분석 관점에 대한 학습

직무분석을 진행하면서 직무분석 컨설턴트(또는 HR담당자)는 SME로부터 해당 직무에 대한 다양한 정보들을 추출해야 합니다. 그 과정에서 SME 워크샵이나 인터뷰를 진행하게 되는데요…

이 워크샵과 인터뷰를 잘 진행하려면 SME관점에서의 직무분석에 대해서 이해해야 할 필요도 있습니다.

많은 기업에서 직무분석을 진행할 때 SME들에게 회사를 위해 시간을 내달라 거나 인사팀에서 직무분석을 실시하는데 도와 달라는 스텐스로 진행을 하는 경우들이 있는데 이렇게 되면 SME들이 직무분석 과정에 아주 깊이 집중하지 않게 됩니다. (자기의 일이 아니니까요)

따라서 직무분석을 진행하는 과정에서 이것이 당신의 업

무에서 더 좋은 성과를 낼 수 있도록 도와줄 것이라는 메세지를 주고, 그것을 위해 자신의 직무를 분석하도록 유도하는 것이 훨씬 더 좋은 방법인데요(실제로 직무분석은 각 직무 담당자들의 성과를 더욱 체계적으로 관리할 수 있도록 도와줍니다.)

이러한 관점에서 직무분석의 개념을 SME들이 자신의 성과를 향상시키는 방법론으로 이해하고 진행할 수 있도록 알기 쉽게 설명한 책이 2019년에 출판한 '퍼포먼스(플랜비디자인)'라는 책입니다.

이 책은 SME분들을 위해 쓰여진 책입니다.

따라서 체계적 직무분석 방법론 보다 용어도 쉽고 훨씬 더 잘 읽히도록 쓰여졌을 뿐더러, SME들이 책에서 제시하는 상세한 가이드에 따라 자신의 직무를 하나하나 분석할 수 있도록 '직무기술서 작성 가이드'도 제공하고 있습니다. (SME분들이 굳이 알 필요 없는 직무분류, SME선발 및 직무분석 결과의 인사관리에의 활용 부분은 내용에 포함되어 있지 않습니다.)

따라서 기업의 인사담당자분들이나 직무분석 컨설턴트 분들께서는 체계적 직무분석 방법론으로 직무분석에 대한 전체적인 내용을 학습하신 후, SME 인터뷰나 워크샵을 진행할 때 SME분들께 퍼포먼스의 내용을 학습하도록 유도하고 퍼포먼스에서 제공하는 '직무기술서 작성 가이드'에 따라 개개인의 SME분들이 스스로 자신의 직무를 분석할 수 있도록 안내하면 훨씬 더 수월하게 직무분석을 진행할 수 있습니다.

본 직무분석 개론과 체계적 직무분석 방법론 그리고 퍼포먼스는 직무분석 컨설턴트 자격증 2급 시험에서 시험문제가 출제되는 소스가 됩니다. 그렇기 때문에 직무분석 컨설턴트 자격증에 관심이 있으신 분들께서는 먼저 직무분석 개론을 통해서 이론적인 기초학습을 진행하고, 이후 체계적 직무분석 방법론과 퍼포먼스를 통해 더 구체적인 내용들을 학습해 나가시기 바랍니다.